# The Squirrel Who Saved Thanksgiving And More Bilingual French-English Stories for Kids

Pomme Bilingual

Published by Pomme Bilingual, 2024.

While every precaution has been taken in the preparation of this book, the publisher assumes no responsibility for errors or omissions, or for damages resulting from the use of the information contained herein.

THE SQUIRREL WHO SAVED THANKSGIVING AND MORE BILINGUAL FRENCH-ENGLISH STORIES FOR KIDS

**First edition. November 9, 2024.**

Copyright © 2024 Pomme Bilingual.

ISBN: 979-8227131775

Written by Pomme Bilingual.

# Table of Contents

# Le Dindon Grognon Qui Refusait de Glouglouter

Il était une fois, dans une ferme au fond d'un petit village, un dindon nommé Tom. Tom était un dindon très particulier. Contrairement à tous les autres dindons, il détestait Thanksgiving. Chaque année, la ferme se préparait pour la grande fête, et tous les animaux se réjouissaient de l'énorme repas qui allait être servi. Mais pas Tom. Il ne pouvait pas supporter l'idée de faire partie de ce grand festin.

Il avait une grande peur : que son glouglou le rende célèbre. "Si je glougloute, tout le monde va me regarder !" se disait-il. "Et je serai la vedette du dîner !" Tom était convaincu que son glouglou n'était pas comme les autres. Il pensait qu'il était trop fort, trop bruyant, trop... magique.

Ses amis, la poule Clémence et le canard Gaston, essayaient de lui faire comprendre que son glouglou était spécial. "Mais Tom, tu as un glouglou magnifique ! C'est ton talent !" disait Clémence. Gaston, lui, ajoutait : "Tu es un dindon, Tom, et le glouglou fait partie de qui tu es !"

Mais Tom refusait d'écouter. "Non ! Je n'ai pas envie d'être au centre de l'attention," grognait-il.

Le jour de Thanksgiving arriva enfin. Les autres animaux s'étaient tous rassemblés autour de la grande table. Les poules, les canards, et même le cheval se préparaient à déguster un délicieux festin.

Mais Tom, dans un coin de la ferme, se tenait là, tout seul, en espérant que personne ne remarquerait son absence.

C'est alors qu'un vent fort souffla, et la porte de la grange s'ouvrit brusquement. Un groupe d'enfants arriva pour célébrer Thanksgiving avec les animaux de la ferme. Ils se précipitèrent vers les tables, mais... ils ne voyaient pas Tom !

"Mais où est Tom le dindon ?!" demanda une petite fille. "Nous devons l'entendre glouglouter avant de commencer le repas !"

Les autres animaux regardèrent autour d'eux. Tom se cacha derrière un tas de foin, les yeux écarquillés de peur. Il ne voulait absolument pas glouglouter. Mais les enfants insistaient. "Venez, venez, Tom ! Nous avons hâte de t'entendre glouglouter !"

Tom était tout tremblant, mais un petit oiseau sur la branche, un moineau malicieux, lui chuchota : "Tom, parfois, ce n'est pas la taille ou le bruit de ton glouglou qui compte. C'est l'amour que tu mets dedans."

Alors, Tom prit une grande inspiration et se prépara à glouglouter. C'était difficile, mais il se rendit compte que c'était la seule façon de faire sourire tout le monde.

Quand il laissa échapper son plus beau glouglou, quelque chose d'incroyable se produisit. Le glouglou de Tom résonna dans toute la ferme, et tous les animaux, les enfants et même les arbres autour de la ferme se mirent à danser et à chanter. C'était comme si le glouglou de Tom avait enchanté toute la journée.

Les enfants riaient et applaudirent, et les animaux se regardaient avec émerveillement. Tom n'avait jamais imaginé que son glouglou pouvait rendre tout le monde si heureux.

À ce moment-là, il comprit que son glouglou n'était pas un fardeau, mais un cadeau. Un cadeau qu'il pouvait offrir à ses amis et à sa famille. Il sourit et se sentit fier de lui-même. Son glouglou était spécial, et il n'avait plus peur de le partager.

Ainsi, Tom le dindon grognon apprit que, parfois, ce qui nous rend unique est ce qui nous rend précieux aux yeux des autres. Et à partir de ce jour-là, il glouglouta avec joie à chaque Thanksgiving, sachant qu'il n'était jamais aussi heureux que lorsqu'il était lui-même.

# The Grumpy Turkey Who Refused to Gobble

Once upon a time, on a farm at the edge of a small village, there was a turkey named Tom. Tom was a very special turkey. Unlike all the other turkeys, he hated Thanksgiving. Every year, the farm prepared for the big feast, and all the animals looked forward to the huge meal that would be served. But not Tom. He couldn't stand the idea of being part of this grand celebration.

He had one big fear: that his gobble would make him famous. "If I gobble, everyone will look at me!" he thought. "I'll be the star of the dinner!" Tom was convinced that his gobble wasn't like the others. He thought it was too loud, too noisy, too... magical.

His friends, Clémence the hen and Gaston the duck, tried to make him understand that his gobble was special. "But Tom, you have a beautiful gobble! It's your talent!" said Clémence. Gaston added, "You're a turkey, Tom, and gobbling is part of who you are!"

But Tom refused to listen. "No! I don't want to be the center of attention," he grumbled.

Finally, the day of Thanksgiving arrived. The other animals had all gathered around the big table. The chickens, the ducks, and even the horse were getting ready to enjoy the delicious feast. But

Tom, in a corner of the farm, stood there all alone, hoping no one would notice his absence.

Then, a strong wind blew, and the barn door suddenly flew open. A group of children arrived to celebrate Thanksgiving with the animals on the farm. They rushed toward the tables, but... they couldn't see Tom!

"Where's Tom the turkey?" asked a little girl. "We need to hear him gobble before we can start the meal!"

The other animals looked around. Tom hid behind a pile of hay, his eyes wide with fear. He didn't want to gobble at all. But the children insisted. "Come on, come on, Tom! We can't wait to hear you gobble!"

Tom was trembling, but a little bird on a branch, a mischievous sparrow, whispered to him, "Tom, sometimes it's not the size or the volume of your gobble that matters. It's the love you put into it."

So, Tom took a deep breath and prepared to gobble. It was hard, but he realized it was the only way to make everyone smile.

When he let out his most beautiful gobble, something incredible happened. Tom's gobble echoed throughout the farm, and all the animals, the children, and even the trees around the farm started to dance and sing. It was as if Tom's gobble had enchanted the whole day.

The children laughed and clapped, and the animals looked at each other in amazement. Tom had never imagined that his gobble could make everyone so happy.

At that moment, he understood that his gobble wasn't a burden, but a gift. A gift he could share with his friends and family. He smiled and felt proud of himself. His gobble was special, and he no longer feared sharing it.

From that day on, Tom the grumpy turkey learned that sometimes, what makes us unique is what makes us precious in the eyes of others. And from that day forward, he gobbled with joy every Thanksgiving, knowing that he was never as happy as when he was being himself.

# La Petite Citrouille Qui Voulait Briller

Il était une fois, dans un joli potager, une petite citrouille nommée Pippa. Pippa n'était pas comme les autres citrouilles. Tandis que ses amis du champ de citrouilles étaient grands, brillants et parfaits pour être transformés en délicieuses tartes, Pippa était toute petite et plutôt ordinaire. Elle se sentait bien souvent négligée et se demandait pourquoi personne ne la remarquait.

Un jour, alors que le vent frais d'automne soufflait doucement, Pippa se tenait seule, cachée dans un coin du champ. Elle observait ses grandes amies, qui se faisaient admirer par les fermiers et les enfants, prêtes à devenir les stars du dîner de Thanksgiving.

"Je ne suis pas aussi grande, ni aussi jolie qu'elles," se lamentait Pippa. "Je ne serai jamais choisie. Pourquoi suis-je si petite et si banale ?"

C'est alors qu'un petit écureuil espiègle nommé Léon arriva en sautillant près de Pippa. Il s'arrêta et la regarda attentivement.

"Pourquoi as-tu l'air si triste, petite citrouille ?" lui demanda-t-il gentiment.

Pippa baissa la tête. "Je ne suis pas comme les autres citrouilles. Elles sont grandes et belles, et moi, je suis juste... petite et ordinaire."

Léon sourit et s'assit à côté d'elle. "Ah, mais tu te trompes, Pippa. Chacun a sa propre beauté. Peut-être que tu n'as pas encore découvert la tienne."

"Ma beauté ?" répondit Pippa, surprise. "Comment cela pourrait-il être possible ?"

L'écureuil secoua sa petite queue avec enthousiasme. "Regarde-toi ! Tu es petite et mignonne, et tu n'as pas besoin de ressembler aux autres pour être spéciale. Parfois, la vraie beauté ne se voit pas à l'extérieur, mais se trouve dans ce que tu apportes aux autres."

Pippa était sceptique, mais elle décida de suivre les conseils de Léon et de ne pas se laisser abattre. Le soir de Thanksgiving arriva et tous les animaux étaient occupés à préparer la fête. Les citrouilles géantes étaient placées sur la table, prêtes à être découpées et transformées en tartes. Pippa se tenait à l'écart, toujours un peu triste de n'être pas au centre de l'attention.

Mais alors, le fermier arriva, suivi de ses enfants. Ils s'arrêtèrent devant Pippa et s'émerveillèrent de sa petite taille et de sa forme parfaite. "Regardez cette jolie citrouille ! Elle est idéale pour décorer la table," s'exclama l'un des enfants.

Ils la placèrent au centre de la table, juste à côté de la grande cheminée, et commencèrent à la décorer de guirlandes de feuilles d'automne, de rubans et de petites bougies. Pippa se sentit soudainement remplie de fierté. Elle n'avait pas besoin d'être la plus grande pour être importante.

Lorsque les invités arrivèrent, tous admirèrent la table magnifiquement décorée, et Pippa, la petite citrouille, était la pièce maîtresse de la fête. "Elle est si belle !" dirent-ils en souriant.

Pippa réalisa alors que sa taille n'avait pas d'importance. Ce qui la rendait spéciale, c'était sa capacité à apporter de la joie et de la chaleur aux autres. Elle était exactement ce dont la fête avait besoin, et c'était là sa véritable beauté.

Ce soir-là, Pippa brilla plus que toutes les autres citrouilles. Et elle comprit qu'il ne fallait pas chercher à ressembler aux autres pour se sentir belle. La beauté réside dans ce que l'on est, et non dans ce que l'on semble être.

# The Little Pumpkin Who Wanted to Shine

Once upon a time, in a lovely garden, there was a little pumpkin named Pippa. Pippa wasn't like the other pumpkins. While her friends in the pumpkin patch were big, shiny, and perfect for turning into delicious pies, Pippa was small and rather ordinary. She often felt overlooked and wondered why no one ever noticed her.

One day, as the cool autumn breeze gently blew, Pippa stood alone, hidden in a corner of the patch. She watched her big friends, who were admired by the farmers and children, ready to become the stars of the Thanksgiving dinner.

"I'm not as big, nor as pretty as they are," Pippa sighed. "I'll never be chosen. Why am I so small and so plain?"

Just then, a mischievous little squirrel named Léon hopped up to Pippa. He stopped and looked at her carefully.

"Why do you look so sad, little pumpkin?" he asked kindly.

Pippa lowered her head. "I'm not like the other pumpkins. They are big and beautiful, and I'm just... small and ordinary."

Léon smiled and sat down next to her. "Ah, but you're wrong, Pippa. Everyone has their own beauty. Maybe you haven't discovered yours yet."

"My beauty?" Pippa replied, surprised. "How could that be possible?"

The squirrel wagged his little tail with enthusiasm. "Look at yourself! You're small and cute, and you don't need to look like the others to be special. Sometimes, true beauty isn't seen on the outside, but is found in what you bring to others."

Pippa was skeptical, but she decided to follow Léon's advice and not give up. Thanksgiving night arrived, and all the animals were busy preparing for the celebration. The giant pumpkins were placed on the table, ready to be carved and turned into pies. Pippa stayed aside, still a little sad not to be the center of attention.

But then, the farmer came, followed by his children. They stopped in front of Pippa and marveled at her small size and perfect shape. "Look at this pretty pumpkin! It's perfect for decorating the table," exclaimed one of the children.

They placed her in the center of the table, right next to the big fireplace, and began decorating her with garlands of autumn leaves, ribbons, and small candles. Suddenly, Pippa felt a wave of pride. She didn't need to be the biggest to be important.

When the guests arrived, everyone admired the beautifully decorated table, and Pippa, the little pumpkin, was the centerpiece of the celebration. "She's so beautiful!" they said, smiling.

Pippa then realized that her size didn't matter. What made her special was her ability to bring joy and warmth to others. She was exactly what the celebration needed, and that was her true beauty.

That night, Pippa shone brighter than all the other pumpkins. And she understood that there was no need to try to look like others in order to feel beautiful. Beauty lies in what you are, not in what you seem to be.

# La Soupe Magique de Mamie Hazel

Chaque année, à Thanksgiving, Mamie Hazel préparait une soupe magique qui réchauffait le cœur de tout le village. Cette soupe n'était pas comme les autres : elle avait le pouvoir de rassembler les gens, de leur apporter de la joie et de renforcer les liens entre amis et famille. Tout le monde attendait avec impatience ce moment où, après avoir partagé le repas, ils se retrouvaient autour de la grande table, tous unis par le goût délicieux de la soupe de Mamie Hazel.

Mais cette année, quelque chose d'étrange se produisit. Le matin de Thanksgiving, alors que Mamie Hazel allait ajouter son ingrédient secret à la soupe, elle découvrit que ce dernier avait disparu ! Un ingrédient spécial, que seul Mamie Hazel connaissait, avait été volé. "Oh non !" s'écria-t-elle, les mains sur les hanches. "Qui a osé prendre mon ingrédient magique ?"

Les enfants du village, Emma et Lucas, qui jouaient près de la cuisine, entendirent l'exclamation de Mamie Hazel. Curieux, ils s'approchèrent et demandèrent ce qui se passait.

"Mon ingrédient secret a disparu !" dit Mamie Hazel, un air désespéré sur le visage. "Sans lui, ma soupe ne sera pas la même, et le village ne pourra pas se réunir comme chaque année."

"Ne vous inquiétez pas, Mamie Hazel ! Nous allons retrouver cet ingrédient," s'exclama Lucas avec enthousiasme.

“Oui ! On part en aventure pour le retrouver !” ajouta Emma, les yeux brillants de détermination.

Mamie Hazel les regarda avec un sourire amusé, mais elle savait que ses deux petits-fils étaient bien plus courageux qu'ils ne le pensaient. “Faites attention, mes enfants. Cet ingrédient est très spécial, et il ne faut pas le laisser entre de mauvaises mains.”

Emma et Lucas partirent donc à la recherche de l'ingrédient volé. Ils se rendirent dans la forêt près du village, où ils avaient entendu des bruits étranges. Après avoir traversé un petit ruisseau et franchi quelques buissons, ils aperçurent un petit raccoon (raton laveur) qui tenait fièrement l'ingrédient secret dans ses petites pattes.

“Arrête, petit raton laveur ! Ce n'est pas à toi !” cria Emma en s'avançant.

Le raton laveur la regarda et éclata de rire. “Ha ha ! Cet ingrédient est maintenant à moi. Je vais en faire une fête magique toute seule !”

Lucas et Emma échangèrent un regard. Ils savaient qu'ils devaient agir vite. “Mais ce n'est pas ce que cet ingrédient est fait pour !” dit Lucas. “Il doit être partagé avec tout le monde.”

Le raton laveur hésita un moment. “Partager ? Je n'aime pas partager, moi.”

Emma s'approcha doucement et dit : “Tu sais, la magie de cet ingrédient ne fonctionne que quand il est partagé avec les autres. Si tu le gardes pour toi, tu ne vivras jamais la véritable joie qu'il peut offrir.”

Le raton laveur sembla réfléchir. Finalement, il tendit l'ingrédient à Emma. "Peut-être que vous avez raison. Je n'ai jamais vraiment partagé quoi que ce soit."

Emma et Lucas remercièrent le raton laveur et prirent l'ingrédient secret. Ils rentrèrent à la maison, heureux d'avoir accompli leur mission. Quand ils arrivèrent chez Mamie Hazel, ils lui donnèrent l'ingrédient volé.

"Bravo ! Vous l'avez retrouvé !" s'exclama Mamie Hazel en les serrant dans ses bras. "Merci de l'avoir ramené. Maintenant, la soupe pourra être préparée comme chaque année."

Et ainsi, la soupe magique fut enfin prête. Mamie Hazel ajouta l'ingrédient secret dans le chaudron, et tout de suite, la magie opéra. Le parfum délicieux se répandit dans le village, attirant tous les voisins. Bientôt, tout le village était réuni autour de la grande table, partageant des sourires, des rires, et des histoires.

"Ce qui fait la magie de cette soupe," dit Mamie Hazel en souriant, "c'est non seulement l'ingrédient secret, mais aussi le fait qu'elle est partagée avec ceux qu'on aime."

Et ce soir-là, tout le village comprit que la véritable magie de Thanksgiving réside dans le partage, la générosité et l'unité.

# Grandma Hazel's Magic Soup

Every year, at Thanksgiving, Grandma Hazel made a magical soup that warmed the hearts of everyone in the village. This soup was unlike any other: it had the power to bring people together, to bring them joy, and to strengthen the bonds between friends and family. Everyone eagerly awaited the moment when, after the meal was shared, they would gather around the big table, all united by the delicious taste of Grandma Hazel's soup.

But this year, something strange happened. On Thanksgiving morning, just as Grandma Hazel was about to add her secret ingredient to the soup, she discovered that it was missing! A special ingredient, known only to Grandma Hazel, had been stolen. "Oh no!" she cried, hands on her hips. "Who would dare take my magic ingredient?"

The village children, Emma and Lucas, who were playing near the kitchen, heard Grandma Hazel's exclamation. Curious, they approached and asked what was going on.

"My secret ingredient is gone!" said Grandma Hazel, a desperate look on her face. "Without it, my soup won't be the same, and the village won't be able to gather like we do every year."

"Don't worry, Grandma Hazel! We'll find that ingredient," Lucas said enthusiastically.

"Yes! We're going on an adventure to find it!" Emma added, her eyes shining with determination.

Grandma Hazel looked at them with an amused smile, but she knew her two grandchildren were far braver than they thought. "Be careful, my dears. This ingredient is very special, and it mustn't fall into the wrong hands."

So, Emma and Lucas set off to find the stolen ingredient. They went into the forest near the village, where they had heard strange noises. After crossing a small stream and pushing through some bushes, they spotted a little raccoon proudly holding the secret ingredient in its tiny paws.

"Stop, little raccoon! That doesn't belong to you!" Emma cried as she stepped forward.

The raccoon looked at her and burst out laughing. "Ha ha! This ingredient is mine now. I'm going to have a magical party all by myself!"

Lucas and Emma exchanged a glance. They knew they had to act quickly. "But that's not what this ingredient is for!" Lucas said. "It's meant to be shared with everyone."

The raccoon hesitated for a moment. "Share? I don't like sharing."

Emma stepped closer and said, "You know, the magic of this ingredient only works when it's shared with others. If you keep it to yourself, you'll never experience the real joy it can bring."

The raccoon seemed to think it over. Finally, it handed the ingredient to Emma. "Maybe you're right. I've never really shared anything."

Emma and Lucas thanked the raccoon and took the secret ingredient. They headed back home, happy to have completed their mission. When they arrived at Grandma Hazel's house, they gave her back the stolen ingredient.

"Well done! You found it!" Grandma Hazel exclaimed as she hugged them. "Thank you for bringing it back. Now, the soup can be made just like every year."

And so, the magic soup was finally ready. Grandma Hazel added the secret ingredient to the pot, and immediately, the magic worked. The delicious scent spread through the village, drawing in all the neighbors. Soon, the entire village was gathered around the big table, sharing smiles, laughter, and stories.

"What makes this soup magical," Grandma Hazel said with a smile, "is not just the secret ingredient, but also the fact that it is shared with those we love."

And that night, the entire village understood that the true magic of Thanksgiving lies in sharing, generosity, and the way the community comes together to celebrate.

# L'Écureuil Qui A Sauvé Thanksgiving

Les jours avant Thanksgiving, le village était plongé dans l'atmosphère magique de l'automne. Les arbres se dressaient fièrement, leurs feuilles colorées virevoltant doucement au gré du vent. Les animaux se réjouissaient de la fête à venir, imaginant les délicieux repas, les histoires autour du feu, et les moments de partage.

Mais un matin, juste à quelques jours de Thanksgiving, un problème étrange se produisit. Les feuilles d'automne commencèrent à disparaître. Un arbre après l'autre, les feuilles se volatilisèrent sans explication. Les écureuils, les oiseaux, et même les renards s'inquiétaient. Comment la fête pourrait-elle être complète sans les belles feuilles d'automne qui décorent tout le village ?

Les animaux se rassemblèrent dans la forêt pour discuter de ce mystère. "Quelqu'un prend les feuilles !" dit un hérisson en frissonnant. "Sans elles, tout l'automne semble perdu."

Parmi les animaux, un petit écureuil nommé Timothée, bien plus petit que les autres, décida qu'il devait agir. "Je vais découvrir qui vole les feuilles," déclara-t-il, déterminé.

Tous les animaux le regardèrent avec étonnement. "Mais Timothée, tu es si petit !" s'exclama un lapin. "Comment pourrais-tu résoudre ce mystère ?"

Timothée haussa les épaules. "La taille ne compte pas. Je vais essayer, même si je suis petit. C'est mon devoir d'aider."

Ainsi, armé de courage, Timothée se lança dans sa quête. Il monta les arbres, scruta les buissons, et chercha des indices partout. Il ne se laissa pas décourager, même lorsque la tâche semblait insurmontable. Après une longue journée de recherches, il aperçut enfin quelque chose d'étrange : un grand tas de feuilles entassées sous un vieux chêne, couvertes de mousse.

En s'approchant discrètement, Timothée aperçut un groupe de petits animaux – des hérissons, des écureuils, et même des oiseaux – qui étaient en train de rassembler les feuilles et de les empiler soigneusement. Mais ils ne semblaient pas être là pour les voler. En fait, ils les prenaient pour les emporter dans un endroit secret.

Timothée s'avança et demanda d'une voix douce : "Pourquoi prenez-vous toutes les feuilles ?"

Un des écureuils leva les yeux et sourit. "Nous ne les volons pas, petit ami. Nous avons simplement voulu les emmener dans une clairière cachée pour les apprécier en toute tranquillité. Nous savons que les animaux du village adorent ces feuilles et que sans elles, Thanksgiving ne serait pas complet. Mais nous ne voulions pas gâcher leur beauté en les laissant se faner. Nous voulons partager cet endroit secret pour que tous puissent profiter des couleurs de l'automne."

Timothée comprit alors. "Alors, vous vouliez juste garder les feuilles intactes pour les partager à Thanksgiving ?"

"Oui !" répondit l'un des hérissons. "Nous pensions que si nous les emmenions là, elles resteraient belles plus longtemps, et tout le monde pourrait les voir et les apprécier."

Timothée sourit. "C'est une idée merveilleuse ! Mais peut-être que nous pouvons amener les feuilles dans le village pour que tout le monde puisse en profiter ensemble, sans qu'elles disparaissent."

Les petits animaux se regardèrent, puis acquiescèrent. Timothée expliqua leur plan aux autres animaux du village. Le lendemain, ils décorèrent le village avec les plus belles feuilles, créant des sentiers colorés, des guirlandes et des couronnes en feuilles. Tous les habitants du village, petits et grands, purent admirer la beauté de l'automne en partageant un moment magique ensemble.

Le soir de Thanksgiving, la fête fut plus belle que jamais. Les arbres étaient magnifiques, les feuilles brillaient sous les derniers rayons du soleil, et tout le village était réuni pour célébrer, avec une gratitude profonde pour la nature et pour la générosité de Timothée et des autres animaux.

# The Squirrel Who Saved Thanksgiving

In the days leading up to Thanksgiving, the village was filled with the magical atmosphere of autumn. The trees stood tall, their colorful leaves gently swirling in the wind. The animals rejoiced at the upcoming celebration, imagining the delicious meals, the stories by the fire, and the moments of sharing.

But one morning, just a few days before Thanksgiving, something strange happened. The autumn leaves began to disappear. One by one, the leaves vanished without explanation. The squirrels, birds, and even the foxes were worried. How could the celebration be complete without the beautiful leaves that decorated the entire village?

The animals gathered in the forest to discuss the mystery. "Someone is taking the leaves!" said a hedgehog, shivering. "Without them, autumn seems lost."

Among the animals, a small squirrel named Timothy, much smaller than the others, decided that he must take action. "I will find out who is stealing the leaves," he declared, determined.

All the animals looked at him in surprise. "But Timothy, you're so small!" exclaimed a rabbit. "How could you solve this mystery?"

Timothy shrugged. "Size doesn't matter. I will try, even though I am small. It's my duty to help."

So, armed with courage, Timothy set off on his quest. He climbed trees, searched the bushes, and looked for clues everywhere. He didn't let himself get discouraged, even when the task seemed impossible. After a long day of searching, he finally saw something strange: a large pile of leaves stacked under an old oak tree, covered with moss.

As he quietly approached, Timothy saw a group of small animals—hedgehogs, squirrels, and even birds—carefully gathering the leaves and stacking them. But they didn't seem to be stealing them. In fact, they were taking them to a secret place.

Timothy stepped forward and softly asked, "Why are you taking all the leaves?"

One of the squirrels looked up and smiled. "We're not stealing them, little friend. We just wanted to take them to a hidden glade to appreciate them in peace. We know the village animals love these leaves, and without them, Thanksgiving wouldn't be complete. But we didn't want to spoil their beauty by letting them wither. We want to share this secret spot so everyone can enjoy the autumn colors."

Timothy understood. "So, you just wanted to keep the leaves intact to share them at Thanksgiving?"

"Yes!" replied one of the hedgehogs. "We thought that if we took them there, they would stay beautiful longer, and everyone could see and appreciate them."

Timothy smiled. "That's a wonderful idea! But maybe we can bring the leaves to the village so everyone can enjoy them together, without them disappearing."

The small animals looked at each other and nodded. Timothy explained their plan to the other animals in the village. The next day, they decorated the village with the most beautiful leaves, creating colorful paths, garlands, and leaf crowns. All the villagers, young and old, could admire the beauty of autumn while sharing a magical moment together.

On Thanksgiving evening, the celebration was more beautiful than ever. The trees were magnificent, the leaves shimmered in the last rays of the sun, and the entire village gathered to celebrate, with a deep sense of gratitude for nature and for Timothy's generosity, as well as the other animals.

# Le Grand Festin de Thanksgiving

Ellie et Max étaient très excités. Cette année, c'était leur tour d'organiser le grand festin de Thanksgiving pour leur classe. Ils avaient reçu la mission de préparer un repas spécial et tout le monde comptait sur eux pour que tout soit parfait. Après tout, Thanksgiving était l'une de leurs fêtes préférées.

"Max, on a tout ce qu'il nous faut ?" demanda Ellie, vérifiant sa liste.

"Oui ! On a des dindes, des légumes, des tartes et... Oh, j'ai aussi pris des épices pour rendre la soupe encore plus savoureuse !" répondit Max avec un grand sourire.

Mais, dès le début, les choses ne se passèrent pas comme prévu.

D'abord, Ellie, en charge des courses, se retrouva à acheter un paquet de pâtes au lieu de purée de pommes de terre. "Mais ça va être amusant, non ? Un peu de spaghetti avec la dinde, pourquoi pas ?" dit-elle en riant, sans réaliser l'ampleur du mélange.

Pendant ce temps, Max, qui s'occupait de la décoration, oublia de mettre les nappes sur les tables. "Oups ! Mais regarde, on peut simplement utiliser des morceaux de tissu et les attacher avec des rubans ! Ça fait bohème, non ?" dit-il, essayant de cacher son erreur avec un sourire un peu nerveux.

Les erreurs continuèrent à s'accumuler. Lorsque la classe arriva dans la salle, l'un des élèves renversa accidentellement la boîte de pop-corn et Max, dans un élan de créativité, pensa que ce serait une excellente idée de faire une "tarte au pop-corn". Il se précipita dans la cuisine pour ajouter un peu de beurre et de sucre, créant ainsi une "tarte" très particulière.

Au moment où le repas fut prêt, Ellie et Max étaient épuisés mais ravis. "Voilà, tout est prêt !" annonça Ellie fièrement.

Les élèves commencèrent à s'installer autour des tables, impatients de goûter le festin. Mais en voyant les plats étranges, leurs sourires se figèrent un instant. Spaghetti à la dinde ? Tarte au pop-corn ? Il y avait aussi des légumes mystérieusement mélangés avec du chocolat fondu... C'était un véritable chaos culinaire !

Ellie et Max échangèrent un regard gêné. "Oups..." dit Max en rougissant.

Mais avant qu'ils ne puissent paniquer, un des enfants éclata de rire. "C'est tellement bizarre, mais c'est génial !" s'écria-t-il. "On dirait que tout le monde a mis son propre twist dans le repas. C'est comme si on avait créé un plat spécial rien que pour nous !"

À cet instant, tous les autres commencèrent à rire aussi. Peu à peu, les enfants goûtèrent aux plats farfelus. Au lieu de se concentrer sur les erreurs, ils se mirent à discuter de quel plat était le plus rigolo, quel goût était le plus surprenant et à quel point ils se sentaient chanceux d'être ensemble.

"Ce n'est pas parfait," dit Ellie en souriant, "mais c'est notre repas, et on est tous ici pour partager un moment ensemble."

Max acquiesça. "Et peu importe les erreurs qu'on a faites, ce qui compte, c'est qu'on a tous créé ça ensemble. C'est ce qui rend Thanksgiving spécial."

Finalement, la fête fut un grand succès, même si personne n'avait jamais vu une dinde accompagnée de spaghetti et de tarte au pop-corn. Ce fut un moment de rire, de partage et de joie.

# The Great Thanksgiving Feast

Ellie and Max were very excited. This year, it was their turn to organize the big Thanksgiving feast for their class. They had been given the task of preparing a special meal, and everyone was counting on them to make sure everything was perfect. After all, Thanksgiving was one of their favorite holidays.

"Max, do we have everything we need?" asked Ellie, checking her list.

"Yes! We've got turkeys, vegetables, pies, and... Oh, I also picked up some spices to make the soup even tastier!" Max replied with a big smile.

But right from the start, things didn't go as planned.

First, Ellie, who was in charge of the shopping, ended up buying a packet of pasta instead of mashed potatoes. "But this will be fun, right? A little spaghetti with the turkey, why not?" she said, laughing, not realizing how big the mix-up was.

Meanwhile, Max, who was in charge of the decorations, forgot to put the tablecloths on the tables. "Oops! But look, we can just use pieces of fabric and tie them with ribbons! It looks bohemian, right?" he said, trying to hide his mistake with a slightly nervous smile.

The mistakes kept adding up. When the class arrived in the room, one of the students accidentally knocked over the popcorn box, and Max, in a burst of creativity, thought it would be a great idea to make a "popcorn pie." He rushed into the kitchen to add some butter and sugar, creating a very unusual "pie."

By the time the meal was ready, Ellie and Max were exhausted but happy. "There, everything's ready!" Ellie announced proudly.

The students began to sit around the tables, eager to taste the feast. But when they saw the strange dishes, their smiles froze for a moment. Turkey with spaghetti? Popcorn pie? There were also vegetables mysteriously mixed with melted chocolate... It was a true culinary chaos!

Ellie and Max exchanged an embarrassed glance. "Oops..." Max said, blushing.

But before they could panic, one of the kids burst out laughing. "This is so weird, but it's awesome!" he exclaimed. "It's like everyone put their own twist on the meal. It's like we've created a special dish just for us!"

At that moment, all the others started laughing too. Gradually, the kids began to try the quirky dishes. Instead of focusing on the mistakes, they started talking about which dish was the funniest, which flavor was the most surprising, and how lucky they felt to be together.

"It's not perfect," said Ellie, smiling, "but it's our meal, and we're all here to share a moment together."

Max nodded. "And no matter what mistakes we made, what matters is that we all created this together. That's what makes Thanksgiving special."

In the end, the celebration was a big success, even though no one had ever seen a turkey served with spaghetti and popcorn pie. It was a moment of laughter, sharing, and joy.

# Un Cœur Reconnaissant pour l'Ours Grognon

Dans la forêt, tout le monde connaissait Benny l'ours. Il n'était pas du genre à sourire, ni à s'amuser, surtout pendant la période de Thanksgiving. Chaque année, alors que les autres animaux se préparaient joyeusement pour les fêtes, Benny se promenait seul, grognon et agacé par tout ce qui l'entourait.

"Pourquoi tout le monde est-il si joyeux à Thanksgiving ?" marmonnait-il souvent. "Ce n'est qu'une autre excuse pour manger trop et faire des bruits inutiles."

Les autres animaux de la forêt le laissaient tranquille, sachant que Benny n'aimait pas la compagnie. Mais cette année-là, quelque chose d'inattendu allait se produire.

Un matin frais d'automne, alors que Benny se promenait dans les bois, il aperçut une petite famille d'oiseaux. Ils étaient en train de chercher de la nourriture, leur petit ventre affamé les poussant à trouver des baies et des graines. Benny, qui ne s'intéressait jamais à eux, allait les ignorer, mais un des oiseaux, une petite mésange, s'approcha timidement.

"Bonjour, Benny !" dit la mésange. "Tu sembles être de mauvaise humeur aujourd'hui, comme toujours. Peut-être qu'on pourrait t'aider à trouver des baies pour ton repas de Thanksgiving."

Benny fronça les sourcils. "Je n'ai pas besoin de votre aide !" grogna-t-il. "Je sais très bien où trouver ma nourriture. Laissez-moi tranquille !"

Mais la petite mésange ne se laissa pas décourager. "Si tu veux, on pourrait t'aider à trouver un endroit secret, plein de baies délicieuses que personne ne connaît. Et peut-être qu'une petite aide te ferait du bien. Thanksgiving, c'est aussi le moment de partager."

Benny roula les yeux. "Quoi, tu crois vraiment qu'un petit geste va me rendre joyeux ?"

Malgré la froideur de Benny, la famille d'oiseaux insista et le guida jusqu'à un petit buisson caché au fond de la forêt. Là, Benny découvrit une réserve de baies, plus sucrées et juteuses que celles qu'il avait jamais trouvées. Ses yeux s'écarquillèrent, surpris par la quantité de nourriture.

"Waouh, c'est incroyable..." murmura-t-il.

La mésange, souriante, lui dit : "C'est un endroit secret, et on voulait le partager avec toi, parce que c'est Thanksgiving, un moment où on se montre reconnaissant et où on partage ce qu'on a."

Benny se sentit un peu gêné. Il n'avait jamais imaginé qu'une simple offre de partage pourrait changer son humeur. Il se rendit compte que les oiseaux n'étaient pas là pour l'embêter ou pour recevoir quelque chose en retour. Ils l'avaient simplement aidé parce qu'ils voulaient lui montrer un peu de gentillesse.

Les baies étaient délicieuses, et Benny se retrouva à savourer son festin avec les oiseaux, riant même de certaines histoires qu'ils lui racontaient. Il ne s'était jamais senti aussi bien pendant un Thanksgiving.

"Merci, mes amis," dit Benny, touché par leur générosité. "Je crois que j'avais tort. Thanksgiving n'est pas seulement une question de nourriture. C'est surtout une question de partage et de gratitude."

À partir de ce jour, Benny devint un ours bien plus joyeux. Chaque année, il attendait Thanksgiving avec impatience, non pas à cause des repas, mais parce que c'était un moment pour montrer sa reconnaissance et partager des moments de bonté avec les autres.

# A Grateful Heart for the Grumpy Bear

In the forest, everyone knew Benny the bear. He wasn't the type to smile or have fun, especially around Thanksgiving. Every year, while the other animals joyfully prepared for the holiday, Benny wandered alone, grumpy and annoyed by everything around him.

"Why is everyone so happy at Thanksgiving?" he would often mutter. "It's just another excuse to eat too much and make unnecessary noise."

The other forest animals left him alone, knowing Benny didn't enjoy company. But this year, something unexpected was about to happen.

One crisp autumn morning, as Benny was strolling through the woods, he spotted a small family of birds. They were searching for food, their tiny stomachs urging them to find berries and seeds. Benny, who never paid them any attention, was about to ignore them, but one of the birds, a little chickadee, approached him shyly.

"Hello, Benny!" said the chickadee. "You seem grumpy today, as always. Maybe we could help you find some berries for your Thanksgiving meal."

Benny frowned. "I don't need your help!" he grumbled. "I know exactly where to find my food. Leave me alone!"

But the little chickadee wasn't discouraged. "If you want, we could help you find a secret spot, full of delicious berries no one else knows about. And maybe a little help would do you some good. Thanksgiving is also a time to share."

Benny rolled his eyes. "What, you really think a little gesture is going to make me happy?"

Despite Benny's coldness, the bird family insisted and led him to a small bush hidden deep in the forest. There, Benny discovered a stash of berries, sweeter and juicier than any he had ever found. His eyes widened, surprised by the amount of food.

"Wow, this is amazing..." he murmured.

The chickadee, smiling, said, "It's a secret spot, and we wanted to share it with you because it's Thanksgiving, a time to be grateful and share what we have."

Benny felt a little embarrassed. He had never imagined that a simple offer of sharing could change his mood. He realized the birds weren't there to bother him or to get something in return. They had just helped him because they wanted to show him a bit of kindness.

The berries were delicious, and Benny found himself enjoying his feast with the birds, even laughing at some of the stories they told him. He had never felt so good during a Thanksgiving.

"Thank you, my friends," Benny said, touched by their generosity. "I think I was wrong. Thanksgiving isn't just about food. It's mostly about sharing and being grateful."

From that day on, Benny became a much happier bear. Every year, he looked forward to Thanksgiving, not because of the meals, but because it was a time to show gratitude and share moments of kindness with others.

# La Petite Parade

Dans une petite ville, les habitants étaient très excités. Pour la première fois de leur histoire, ils allaient organiser une parade de Thanksgiving. Chacun avait hâte de participer et de célébrer ensemble cette fête spéciale. Les préparatifs avaient commencé des semaines à l'avance : des costumes, des chars, de la musique... Tout le monde avait mis beaucoup de cœur à l'ouvrage.

Mais, comme souvent dans les petites villes, les choses ne se passèrent pas exactement comme prévu.

D'abord, les chars étaient beaucoup trop petits. On s'attendait à ce qu'ils soient grands et majestueux, mais au lieu de cela, certains chars étaient à peine plus grands qu'un chariot de marché. L'un des chars était même une vieille brouette décorée de feuilles et de rubans. "C'est... une parade miniature ?" rigola un enfant, regardant les chars passés devant lui. Les habitants rirent aussi, mais personne ne se laissa décourager.

Ensuite, les costumes étaient un vrai mélange de styles. Les animaux de la forêt étaient censés être représentés, mais un homme déguisé en dinde portait une tenue de cowboy, et une femme en costume de citrouille avait un énorme chapeau de sorcière. "Je crois qu'on a un petit problème de coordination !" s'écria le maire, essayant de retenir un sourire.

Enfin, la musique. Oh, la musique ! Le groupe local qui avait été chargé de jouer les airs de Thanksgiving semblait être complètement à côté de la plaque. Les tambours étaient trop forts, les trompettes jouaient des notes fausses, et les accordéons semblaient vouloir jouer une chanson de Noël en plein mois de novembre ! "Mais c'est... c'est une cacophonie !" s'exclama un spectateur en se bouchant les oreilles.

Malgré toutes ces erreurs et ces imprévus, les habitants ne se laissèrent pas abattre. La parade continuait, les sourires étaient partout. Les enfants couraient autour des chars en criant de joie, les adultes dansaient en décalé au rythme de la musique, et même les animaux qui se promenaient dans la ville semblaient faire partie du spectacle, se faufilant entre les pieds des participants.

Lorsque la parade arriva à son point final, tout le monde s'arrêta un moment, se regarda et éclata de rire. Oui, la parade n'était pas du tout ce qu'ils avaient imaginé, mais c'était sans doute l'une des plus amusantes qu'ils avaient jamais vécues.

"C'était génial !" s'écria une petite fille. "On devrait la refaire chaque année !"

Le maire, tout en essuyant une larme de rire, hocha la tête. "C'est vrai, on n'a peut-être pas fait les choses comme on l'aurait voulu, mais finalement, c'était parfait. La vraie magie de Thanksgiving, c'est d'être ensemble, de partager ces moments, même quand tout ne se passe pas comme prévu."

Les habitants de la petite ville rentrèrent chez eux avec des sourires sur le visage et des histoires rigolotes à raconter. Et même si la parade n'avait pas été parfaite, elle avait été pleine de joie et de rires – et c'était tout ce qui comptait.

51

# The Little Parade

In a small town, the inhabitants were very excited. For the first time in their history, they were going to hold a Thanksgiving parade. Everyone was eager to participate and celebrate this special holiday together. Preparations had begun weeks in advance: costumes, floats, music... Everyone put a lot of heart into the work.

But, as often happens in small towns, things didn't go exactly as planned.

First, the floats were much too small. They had expected them to be large and majestic, but instead, some floats were barely bigger than a market cart. One of the floats was even an old wheelbarrow decorated with leaves and ribbons. "Is this... a miniature parade?" laughed a child, watching the floats pass by. The townsfolk laughed too, but no one was discouraged.

Then, the costumes were a real mix of styles. Forest animals were supposed to be represented, but one man dressed as a turkey wore a cowboy outfit, and a woman in a pumpkin costume wore a huge witch's hat. "I think we have a little coordination problem!" exclaimed the mayor, trying to hold back a smile.

Finally, the music. Oh, the music! The local band tasked with playing the Thanksgiving tunes seemed to be completely off-key. The drums were too loud, the trumpets hit wrong notes, and the accordions seemed to want to play a Christmas song in the middle of November! "But it's... it's a cacophony!" exclaimed a spectator, covering his ears.

Despite all the mistakes and unexpected turns, the townsfolk didn't let it bring them down. The parade continued, and smiles were everywhere. The children ran around the floats, shouting with joy, the adults danced out of sync with the rhythm of the music, and even the animals strolling through the town seemed to be part of the show, weaving between the participants' feet.

When the parade reached its final destination, everyone stopped for a moment, looked around, and burst out laughing. Yes, the parade was nothing like they had imagined, but it was undoubtedly one of the most fun they had ever experienced.

"That was amazing!" shouted a little girl. "We should do it every year!"

The mayor, wiping a tear of laughter from his eye, nodded. "That's true. We may not have done things the way we wanted, but in the end, it was perfect. The true magic of Thanksgiving is being together, sharing these moments, even when everything doesn't go as planned."

The townsfolk went home with smiles on their faces and funny stories to tell. And even though the parade hadn't been perfect, it had been full of joy and laughter – and that was all that mattered.

# Un Festin Digne d'un Renard

Freddie le renard était un malin. Toujours à l'affût, toujours en quête de nourriture, il savait où trouver les festins les plus délicieux. Cette année-là, en passant près de la forêt, il aperçut un groupe d'animaux qui se préparaient pour une grande fête de Thanksgiving. Les tables étaient couvertes de plats appétissants : des tartes, des légumes rôtis, des pommes de terre en purée et des fruits frais. Freddie se frotta les pattes, le ventre déjà en train de gargouiller.

"Ce festin est pour moi !" pensa-t-il, l'œil brillant de malice. "Je vais tout manger, et personne ne me verra !"

Avec son pas furtif et son ventre qui grondait, Freddie s'approcha discrètement du festin. Mais au moment où il s'apprêtait à s'infiltrer, il aperçut une vieille tortue, Mamy Marguerite, assise à la table, entourée de plusieurs autres animaux de la forêt. Tout le monde était joyeux, en train de rire et de discuter, partageant des histoires et des sourires.

"Bonjour, Freddie ! Viens nous rejoindre !" appela Mamy Marguerite en souriant. "Nous avons des tartes maison et des légumes fraîchement cueillis. Viens passer un moment avec nous, tu seras le bienvenu."

Freddie se figea un instant. Il n'était pas du genre à accepter l'invitation de qui que ce soit, encore moins de se joindre à un festin où il comptait faire main basse sur toute la nourriture.

Mais quelque chose dans le regard chaleureux de Mamy Marguerite l'arrêta. Peut-être que ce n'était pas une bonne idée de voler la nourriture de tous ces gentils animaux.

Il hésita un moment, mais finit par s'approcher lentement de la table. Tout le monde l'accueillit avec des sourires et des exclamations de joie. Un cerf lui proposa de s'asseoir à côté de lui, un écureuil lui offrit une assiette de noix grillées, et un lapin lui tendit une part de tarte à la citrouille.

"Alors, Freddie, qu'est-ce qui t'amène ici ?" demanda le cerf, son regard amical posé sur lui.

Freddie, un peu gêné, avoua : "Je... je pensais juste voler un peu de nourriture. Je suis un renard, après tout... C'est dans ma nature."

Mamy Marguerite sourit et posa une main douce sur son épaule. "Je comprends, Freddie. Mais tu sais, à Thanksgiving, ce qui compte, ce n'est pas ce que l'on prend, mais ce que l'on partage. C'est le moment de montrer de la gratitude pour ce que l'on a, et d'être généreux envers les autres."

Les paroles de Mamy Marguerite touchèrent Freddie. Il observa les animaux autour de lui, tous heureux de partager ce qu'ils avaient, riant et se racontant des histoires. Il réalisa que l'atmosphère de la fête n'était pas simplement à propos de la nourriture, mais de la chaleur humaine et de la camaraderie.

"Peut-être que je pourrais offrir quelque chose, plutôt que de tout voler," pensa-t-il.

Alors, Freddie décida de participer autrement. Il se rendit à sa cachette secrète, où il avait stocké quelques-unes de ses friandises préférées : des baies sauvages et des champignons délicieux. Il revint et les offrit à ses nouveaux amis. Les autres animaux acceptèrent avec joie, étonnés par sa générosité.

"Merci, Freddie ! C'est un beau geste," dit le cerf, tout en goûtant une baie délicieuse. "Ce festin est encore plus spécial avec ton partage."

Freddie se sentit soudainement léger, heureux. Il avait pris conscience que partager avec les autres apportait bien plus de joie que de tout garder pour soi. Ce n'était pas le vol, mais l'honnêteté et la générosité qui le rendaient heureux.

Et ce soir-là, Freddie ne pensa plus à voler. Il passa un merveilleux moment, entouré de ses nouveaux amis, et se régala des plats préparés avec amour. Il avait découvert le vrai sens de Thanksgiving : la gratitude, l'honnêteté et la joie de partager.

# A Feast Fit for a Fox

Freddie the fox was quite the sly one. Always on the lookout, always in search of food, he knew where to find the most delicious feasts. That year, as he passed by the forest, he spotted a group of animals preparing for a big Thanksgiving celebration. The tables were covered with mouthwatering dishes: pies, roasted vegetables, mashed potatoes, and fresh fruit. Freddie rubbed his paws together, his stomach already growling.

"This feast is for me!" he thought, his eyes gleaming with mischief. "I'll eat everything, and no one will see me!"

With his stealthy step and a rumbling stomach, Freddie quietly crept toward the feast. But just as he was about to sneak in, he noticed an old turtle, Granny Marguerite, sitting at the table surrounded by several other forest animals. Everyone was happy, laughing and chatting, sharing stories and smiles.

"Hello, Freddie! Come join us!" called Granny Marguerite with a smile. "We have homemade pies and freshly picked vegetables. Come spend some time with us; you'll be welcome."

Freddie froze for a moment. He wasn't one to accept invitations from anyone, especially not to join a feast where he planned to steal all the food. But something in Granny Marguerite's warm gaze stopped him. Maybe it wasn't such a good idea to steal food from these kind animals.

He hesitated for a moment but slowly approached the table. Everyone welcomed him with smiles and joyful exclamations. A deer offered him a seat next to him, a squirrel handed him a plate of roasted nuts, and a rabbit offered him a slice of pumpkin pie.

"So, Freddie, what brings you here?" asked the deer, his friendly eyes on him.

Freddie, a little embarrassed, admitted, "I... I was just thinking of stealing some food. I'm a fox, after all... it's in my nature."

Granny Marguerite smiled and gently placed a hand on his shoulder. "I understand, Freddie. But you know, at Thanksgiving, it's not about what you take, but what you share. It's a time to show gratitude for what we have and to be generous with others."

Granny Marguerite's words touched Freddie. He looked around at the animals, all happy to share what they had, laughing and telling stories. He realized that the spirit of the feast wasn't just about the food but about warmth and camaraderie.

"Maybe I could offer something, instead of stealing everything," he thought.

So, Freddie decided to contribute in his own way. He went to his secret hiding spot, where he had stored some of his favorite treats: wild berries and delicious mushrooms. He came back and offered them to his new friends. The other animals accepted gladly, amazed at his generosity.

"Thank you, Freddie! That's a kind gesture," said the deer, tasting a delicious berry. "This feast is even more special with your sharing."

Freddie suddenly felt light, happy. He realized that sharing with others brought much more joy than keeping everything to himself. It wasn't theft, but honesty and generosity that made him happy.

And that evening, Freddie didn't think about stealing at all. He had a wonderful time, surrounded by his new friends, enjoying the dishes prepared with love. He had discovered the true meaning of Thanksgiving: gratitude, honesty, and the joy of sharing.